AF242138

LOUIS VACHERON

SOUVENIRS HISTORIQUES ET LITTÉRAIRES

Une grande Famille du Bourbonnais

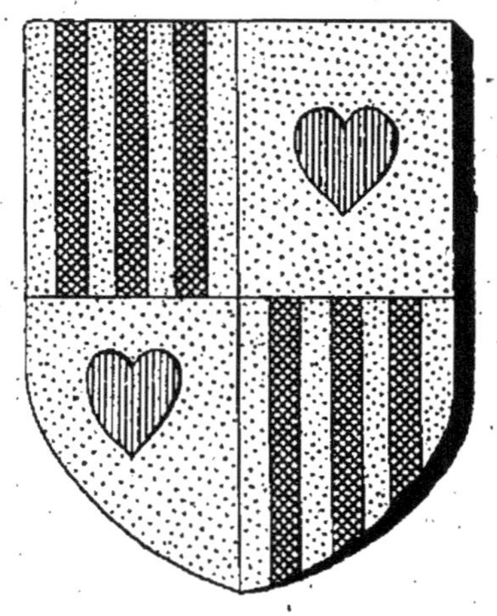

PRIX : 3 FRANCS

PARIS

ALPHONSE LEMERRE, ÉDITEUR

23-31, PASSAGE CHOISEUL, 23-31

M DCCCC

Une grande Famille

du Bourbonnais

Paray.

LOUIS VACHERON

SOUVENIRS HISTORIQUES ET LITTÉRAIRES

Une grande Famille du Bourbonnais

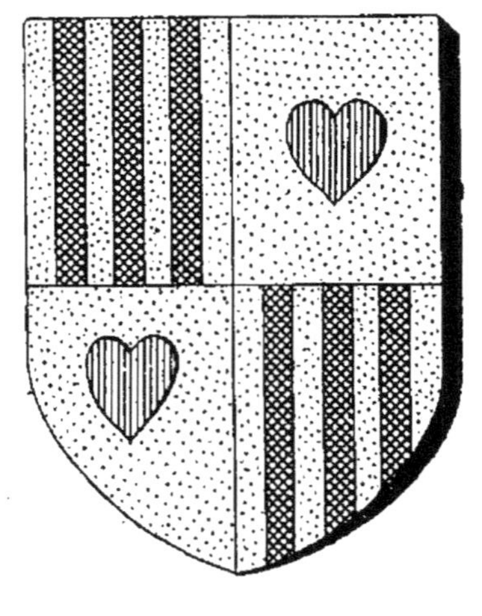

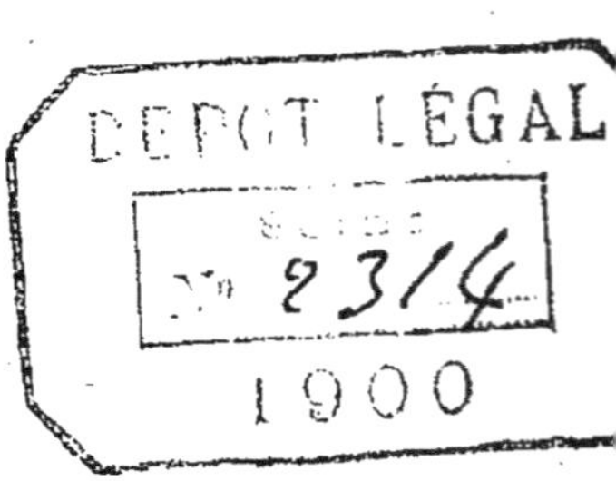

PARIS
ALPHONSE LEMERRE, ÉDITEUR
23-31, PASSAGE CHOISEUL, 23-31

M DCCCC

INTRODUCTION

« *Il règne partout, autour de notre manoir, une fraîcheur, un calme, un silence qui font de ce lieu un séjour de paix et de repos. Quel bonheur d'être ici, et comme on s'y repose bien !* »

Ainsi s'exprimait Mme Victor de Tracy en parlant des plaines de Paray-le-Frésil, petite commune située à vingt-cinq kilomètres de Moulins, et que la famille de Tracy n'a cessé d'habiter.

Nous aussi, nous avons voulu connaître Paray-le-Frésil, voir le château et « ces vieilles charmilles », qu'aimait tant Mme de Tracy, « bien qu'elles me donnent toujours, disait-elle, des idées tristes. Elles vivent des siècles sans jamais goûter le bonheur de pouvoir pousser à leur fantaisie. On les coupe, on les tond dès qu'elles veulent s'allonger un peu pour s'amuser au soleil. C'est l'image des passions refoulées. »

Nous avons traversé ces domaines, que M. Victor de Tracy, depuis qu'il avait abandonné la politique, a si souvent parcourus et qui lui ont donné l'idée d'écrire ces lettres sur l'agriculture, dont nous reparlerons peut-être un jour. Partout, paraît-il, ce n'était que landes et bruyères. Mais il les transforma à ce point qu'il a pu dire : « Il n'y a pas de terre au monde dont on ne puisse tirer parti, avec de l'intelligence, du travail et de l'économie. »

Comment ne pas faire le tour de l'étang de Paray,

> An ancient lonely place : the path o'ergrown
> With strawberries and sweet blue violets;
> Across the green, a quiet silver pond
> Hidden and silent, as if fear'd to wake
> The deep tranquillity that dwelt and slept
> Around the manor shadowed by trees.

« Un ancien lieu solitaire ; le sentier se perdant

sous les fraises et les douces violettes sombres ;
à travers le tapis de verdure, un paisible étang
d'argent caché et silencieux, comme s'il crai-
gnait d'éveiller la profonde tranquillité qui ha-
bite et dort autour du manoir ombragé d'arbres. »

*qui a inspiré à Mme de Tracy un de ces souve-
nirs qu'elle consignait chaque jour, presque né-
gligemment, sur ce qu'elle appelait en riant le
Journal de ses impressions ? « C'est là, ont dit
MM. Cuvillier-Fleury et Sainte-Beuve,* que les
personnes auxquelles sa mémoire est restée
chère la retrouveront avec toute la sensibilité
de son cœur et l'originalité de son esprit. »
*Nous ne résistons pas au désir de reproduire
cette page, qui est, en effet, charmante et que
Michelet n'eût certainement pas désavouée.*

« Ce matin, en faisant une promenade sur
les bords de l'étang, j'ai joui d'un spectacle
qui m'a confondue d'admiration, et que je
vais tâcher de raconter. — Je m'étais appuyée
contre un saule pour me reposer un instant,

lorsque tout à coup un charmant petit oiseau
sembla jaillir de l'écorce même de l'arbre; je
voulus me rendre compte de ce phénomène,
et voici ce que je vis en y regardant de très
près. A environ quatre pieds de terre, j'aperçus collé contre le tronc du saule une sorte
de gros cocon à base élargie, et affectant la
forme d'une petite bouteille ou plutôt d'une
pomme de pin. Les parois extérieures de ce
cocon étaient entièrement garnies d'un lichen
argenté et moussu, recueilli sur l'arbre même
et ajusté avec un art si merveilleux, qu'on aurait pu passer vingt fois devant l'arbre sans
croire à autre chose qu'à une rugosité de l'é-
corce. Je m'approchai avec précaution, et par
une petite ouverture ménagée dans l'édifice, à
environ un pouce du sommet, j'aperçus, ô mer-
veille! ô prodige ! ô spectacle incomparable!
j'aperçus vingt petites têtes et vingt petits corps
rangés avec la plus parfaite symétrie dans ce
petit réduit qui n'était guère plus grand que le
creux de la main. C'était un nid de mésange
que j'avais sous les yeux, un nid de cette mésange si jolie, si gracieuse, qui est, je crois, la
plus petite de son espèce, et qui certainement

n'est pas plus grosse qu'un roitelet. Quand on songe à toute la peine que ce pauvre petit oiseau a dû prendre pour construire un pareil édifice sans autre instrument que son bec et ses deux petites pattes, quand on pense à l'activité incessante qu'il est obligé de déployer pour nourrir une si nombreuse famille, on est partagé entre l'admiration et l'attendrissement. Et dire qu'il y a des gens assez stupides pour oser porter la main sur un pareil chef-d'œuvre, assez cruels pour porter la désolation dans une si charmante famille! Je m'empressai de m'éloigner, et, m'arrêtant à quelque distance, j'eus l'indicible bonheur de voir la mère regagner courageusement son nid et distribuer à sa jeune famille deux belles chenilles vertes. »

Pourrait-on croire, après avoir lu ces lignes, que celle qui les a écrites était Anglaise de naissance?

L'église de Paray a été repeinte et restaurée par les soins de Mme de Tracy. On y voit encore, au-dessus de l'autel, le saint Jean-Baptiste que lui avait donné M. de Rémusat, ainsi que les *vases que lui avait envoyés M. Thiers, un ami, lui aussi, de Mme de Tracy, et qui partageait sa passion pour les oiseaux.*

*Ferdinand de Lasteyrie, le préfet de l'Allier, d'alors, M. Méchin « prefectus Mechinus », comme on disait au château, Hippolyte Passy, M. de Mérode, Oscar de Lafayette, la duchesse d'Aumale, que nos braves paysans « trouvaient trop petite pour une aussi grande dame », Cunin-Gridaine, cet homme politique de la Monarchie de Juillet, dont Mme de Tracy disait plaisamment : « Quand on s'appelle Cunin, comment est-on assez ambitieux pour vouloir s'appeler aussi Gridaine? » et beaucoup d'autres, princes ou ministres, sont venus admirer les arbres du châ-*teau, « ces géants vénérables tout couverts de mousse, qui étendent leurs grands bras pour protéger contre les ardeurs du soleil les fou-gères qui poussent à leurs pieds. »

Nous n'avons pas l'honneur de connaître les représentants actuels de la famille de Tracy. Aussi, ne pouvons-nous pas parler en détail de « ce vieux manoir de famille, où l'art moderne, nous dit-on, n'aurait pénétré que juste pour y établir quelque confort ». Nous ne savons si « les anciens meubles restaurés font encore un bel effet dans la grande chambre », où Mme de Tracy aimait à jouer la musique de Beethoven et lisait à son mari les nouveaux romans de George Sand.

Ce que nous savons bien, c'est que Paray est est encore plein du souvenir de ceux qui se sont toujours montrés de bons Français et qui, soit à la tête de nos armées, soit dans la politique et les lettres, ont honoré leur pays.

La ville de Paris elle-même, quelquefois moins bien inspirée, a témoigné, en donnant le nom de Tracy à l'une de ses rues, qu'elle savait se souvenir ; et lorsqu'on prononce le nom d'Antoine de Tracy, l'ami de Cabanis et de Condorcet, on peut s'étonner que dans notre Bourbonnais, où il est né, et qu'il a représenté à la Constituante de 1789, aucune initiative ne se soit encore produite pour célébrer la mémoire de ce grand seigneur libéral.

Plus tard, peut-être, parlerons-nous de lui un peu plus longuement. Aujourd'hui nous bornerons *nos efforts à Bernard de Tracy, oncle d'Antoine de Tracy.*

Bien qu'il n'ait été qu'un simple théatin, il a laissé cependant des ouvrages remarquables, et ce fut lui, notamment, qui, en 1753, à Moulins, prononça le panégyrique de Mme de Chantal, auquel il associa Mme la duchesse de Montmorency.

Mme de Chantal! Mme de Montmorency! Deux noms qui nous touchent de près et qui devaient arrêter notre attention, quoique déjà on les ait souvent prononcés.

Le souvenir du duc de Montmorency s'imposait également. Ne rappelle-t-il pas, en effet, au milieu de grandes tristesses, un passé glorieux pour la France?

BERNARD DESTUTT DE TRACY

Le nom que porte la famille de Tracy (Stutt
ou Estut de Tracy), est originaire d'Écosse.

Walter Stutt, un des gentilshommes qui
accompagnèrent en 1420 les comtes de Buchan
et Douglas à la cour de France, fut un des
archers de la garde écossaise de Charles VII.
Il obtint de Louis XI des lettres de naturali-
sation.

En 1639, François Destutt de Tracy, l'un
de ses descendants, mestre de camp de cavale-
rie, épousa Edmée de la Platière, fille de Clau-
dine de Villars, dame de Paray. Par ce mariage,
la baronnerie de Paray entra dans sa famille.

La maison des barons de Paray, de Frésil, comtes et marquis de Tracy, porte « écartelé aux 1 et 4 d'or à trois pattes de sable, et aux 2 et 3 également d'or à un cœur de gueules. »

Bernard Destutt de Tracy, dont nous parlons aujourd'hui, naquit à Paray-le-Frésil le 25 août 1720.

Dans son ouvrage sur les Écossais en France, Francisque Michel nous dit « de la famille noble de Tracy, établie en Bourbonnais, qu'elle est célèbre pour avoir donné naissance à un *auteur ascétique* fort distingué et à un illustre philosophe. »

Bernard Destutt de Tracy, en effet, n'appartint pas, comme la plupart de ses aînés et des parents nés après lui, à l'armée ou à la politique. A seize ans, il entra dans l'ordre des « Théatins »; mais sa santé délicate ne lui permit pas d'y avoir d'autre emploi que celui de maître des novices. Aussi passa-t-il toute sa vie dans une retraite profonde, occupé d'œuvres de piété et de travaux littéraires.

Mais il ne borna pas là sa vie, et parut quelquefois à la chaire. Ce fut lui, comme nous l'avons dit, qui prononça le panégyrique « *de*

celle qui, nous déclare-t-il, *devait être appelée
à la plus sublime perfection.* »

*
* *

Jeanne-Françoise Frémiot, fille de Begnine Frémiot, président à mortier au Parlement de Dijon, naquit dans cette ville en 1572.

Elle était belle, paraît-il, et à vingt ans elle épousait Christophe de Rabutin, comte de Chantal, qu'elle aima tendrement.

Un jour, un parent et ami de M. de Chantal étant venu le voir, ils allèrent à la chasse. Ce jour-là, M. de Chantal avait un habit couleur de biche. Son ami s'y méprit, le voyant au travers des broussailles, le prit pour une bête fauve, le tira et lui cassa la jambe. M. de Chantal mourut de cette blessure.

Dès son enfance, Mme de Chantal avait été ardemment portée vers les idées religieuses, et c'était uniquement pour plaire à son mari qu'elle s'était mêlée au monde. Mais, après la mort de M. de Chantal, sa piété s'exalta et la porta vers une retraite complète et la vie contemplative.

C'est alors qu'à Dijon, au sermon, elle vit pour la première fois François de Salles, qui devait exercer sur sa vie une si grande influence.

François de Salles était un profond mystique, en même temps qu'il avait une âme de feu. Il luttait à cette époque, à Genève, comme évêque, contre les adeptes déjà envahissants de Calvin.

Étant venu prêcher à Dijon, il fut frappé, paraît-il, de la foi de Mme de Chantal et de sa haute intelligence. Il se fit présenter à elle par Monseigneur Frémiot, archevêque de Bourges, son frère, et devint son directeur.

Bientôt une sorte de mariage spirituel les unit tous les deux, et de cette union tout idéale naquit l'Ordre de la Visitation, couvent de filles destiné à venir en aide aux veuves et aux infirmes que, sur l'ordre de François de Salles, Mme de Chantal alla fonder à Annecy.

La ville de Moulins, ayant manifesté le désir d'avoir, ainsi que Paris, Lyon et d'autres villes,

Mme de Chantal à vingt ans.

une maison de la Visitation, le maréchal de Saint-Géran, gouverneur du Bourbonnais, écrivit à François de Salles pour l'obtenir.

C'est ainsi que Mme de Chantal, sur les instructions de François de Salles, vint s'installer à Moulins dans ce couvent de la Visitation, qui fut fermé pendant la Révolution, puis converti en lycée de l'État.

Le dévouement de celle qu'on appelait « la mère de Chantal », pour les malheureux, était vraiment admirable ; mais ceux pour lesquels elle priait davantage, c'étaient, paraît-il, les princes. « Ayant vécu, dès son enfance, nous dit-on, au sein de ces grandeurs dont elle avait compris le néant ; sachant quelle est sur les puissants du monde la fascination des splendeurs et des plaisirs, elle ne cessait de prier pour eux, passant souvent à genoux des heures entières, les bras en croix, les yeux en larmes. »

Aussi la renommée de sa piété s'étendit du peuple à la cour ; à ce point qu'en 1641 Anne d'Autriche, désirant la connaître, l'invita à venir de Moulins à Saint-Germain-en-Laye, où se trouvait la cour, et l'envoya chercher dans « une litière dorée aux armes du roi. »

Mme la duchesse de Montmorency, qui était venue à Moulins, à la suite des circonstances tragiques dont nous parlons plus loin, était alors simple novice de la Visitation, et c'est de ce couvent qu'elle reçut de Mme de Chantal cette lettre, datée de Paris, et qu'on a souvent citée : « Votre lettre a pénétré mon cœur, que Dieu vous a *tout à fait donné.* »

Mme de Chantal resta deux mois à Paris et revint à Moulins le 4 décembre, atteinte d'une maladie qui devait être mortelle.

Sentant sa fin prochaine, elle ne voulut pas mourir sans faire à « ses sœurs » ses adieux. « Mes très chères filles, leur écrivit-elle, me trouvant sur le lit du trépas, je me recommande de tout mon cœur à vos prières. J'espère en l'infinie Bonté, qu'elle m'assistera en ce passage, et si je ne suis pas déçue en mon espérance, je prierai le Bienheureux *de vous obtenir l'esprit d'humilité* qui, *seul, vous fera conserver cet institut.* C'est tout le bonheur que je vous souhaite. Je demeure de tout mon cœur, en la vie et la mort, mes très chères et bien aimées sœurs... »

Mme de Chantal mourut le 13 décembre 1641

Mme de Chantal à l'époque de sa mort.

et son corps, après être resté exposé deux jours dans le couvent, fut transporté à Annecy.

Son cœur fut demandé par la Visitation de Paris ; mais Mme de Montmorency intervint en faveur de celle de Moulins ; et ayant fait valoir les termes de la lettre que nous avons citée plus haut, elle affirma ses droits au cœur de Mme de Chantal.

L'évêque de Genève lui donna raison, et le cœur enfermé dans un vase d'argent fut déposé dans le reliquaire de la Visitation.

Y est-il encore conservé ? Nous ne le croyons pas, et on s'explique peu, dans divers milieux à Moulins, que la municipalité ou l'État, qui s'est approprié la Visitation, ainsi que le tombeau du duc de Montmorency, n'aient pas tenté de revendiquer, contre la ville de Nevers ce souvenir, qui a été longtemps la propriété de la Visitation de Moulins et qui aurait dû être réintégré dans la chapelle du Lycée.

Mme de Chantal était très pieuse, cela est vrai ; mais, nous l'avons dit, elle avait pour son mari une très grande affection. Elle aima beaucoup aussi les enfants qui naquirent de son mariage. Elle se consacra complètement à leur éducation et elle ne voulut entrer au couvent que lorsque leur sort fut assuré. Elle se trouvait à Annecy lorsqu'elle eut la douleur de perdre son fils, le baron de Chantal, mort héroïquement, à l'âge de trente et un ans, en défendant l'île de Ré contre les Anglais, et après avoir reçu « vingt-sept coups de pique dont le dernier, dit-on, lui fut porté par la main de Cromwell et l'acheva. »

Le baron de Chantal laissa, on le sait peut-être, une fille unique : Marie de Rabutin de Chantal, qui est devenue, par son mariage, Mme la marquise de Sévigné, un nom cher à la France. Mme de Chantal adorait, paraît-il, cette charmante enfant : « C'est la vérité, écrivait-elle, que je l'aime comme j'aimais son père, et je prie Dieu qu'il lui plaise de prendre une si entière possession de cette petite âme, qu'à jamais elle soit sienne. »

« La vie de Mme de Chantal, disait, en 1833, M. Edouard de Barthélemy, en publiant ses lettres, a donné lieu à des études nombreuses; mais la correspondance de cette femme extraordinaire n'a point fait encore l'objet d'un travail sérieux. »

« Le style de la mère de Chantal, ajoute-t-on dans cette publication, avait un caractère remarquable de distinction, quoique ses lettres qu'elle écrivait très vite et qu'elle dictait souvent à trois ou quatre secrétaires à la fois, ne fussent pas destinées à la publicité. »

On remarque surtout la manière enthousiaste dont elle parle de saint François de Salles : « Fléchier, Bossuet, Bourdaloue ont parlé de saint François de Salles, dit Sainte-Beuve, dans ses Causeries du Lundi ; il y a cependant quelqu'un qui a parlé de lui encore mieux que Bossuet et qui en a écrit avec des paroles plus distinctes, plus pénétrantes et plus vives : c'est Mme de Chantal. »

Et, faisant allusion à des calomnies qui avaient cherché à atteindre Mme de Chantal à la suite de ses rapports avec saint François de Salles, Sainte-Beuve proteste : « Ceux qui ont pu se permettre, dit-il, quelque froide et vaine raillerie sur la liaison du saint évêque et de cette forte et vertueuse femme n'avaient pas lu, j'aime à le croire, cette pièce qui est la cent vingt et unième des lettres de Mme de Chantal. On n'a jamais fait le portrait d'un esprit, ni rendu aussi sensiblement des choses qui semblaient inexprimables. »

Mme de Chantal fut canonisée en 1767, et elle est connue dans l'Eglise sous le nom de « sainte Chantal. » Plus d'un siècle auparavant, en 1651, elle avait été béatifiée, et c'est à cette cérémonie de la béatification que Bernard Destutt de Tracy prononça son panégyrique où il fut amené à parler de Mme la duchesse de Montmorency, « si connue, nous dit-il, par les malheurs de son époux. »

Déjà, Mme de Chantal, saisie d'admiration pour Mme de Montmorency, avait, la veille de sa mort, écrit en parlant d'elle à ses chères filles :

« Je vous supplie d'avoir en grand respect, une sainte révérence et entière confiance pour Mme de Montmorency, qui est une sainte que Dieu manie à son gré, et à qui tout l'Institut a des obligations infinies pour les biens spirituels et temporels qu'elle y fait. »

Mme de Montmorency fit, en effet, beaucoup de bien partout où elle passa et particulièrement à Moulins, où depuis longtemps déjà elle repose à côté de son mari, et on ne s'étonne pas que, le jour de sa mort, « *les magistrats de la ville et les autres personnes de distinction aient fait célébrer dans l'église de la Visitation un service solennel pour le repos de son âme.* »

*
* *

Le duc Henri de Montmorency fut certainement le moins coupable de tous les seigneurs qui prirent les armes contre Richelieu, et la postérité ne peut avoir pour lui que de la pitié mêlée à l'admiration.

Il naquit le 30 avril 1595 et il avait trente-sept ans lorsqu'il fut exécuté à Toulouse, le 30 octobre 1632.

Il avait eu pour parrain Henri IV qui l'appelait « son fils, » et qui disait en le regardant bien campé sur son cheval :

« Voyez mon fils Montmorency, comme il est bien fait; si jamais la maison de Bourbon venait à manquer, il n'y en a pas dans l'Europe qui méritât si bien la couronne que la sienne dont les grands hommes l'ont toujours soutenue, et même augmentée au prix de leur sang. »

Le duc de Montmorency, ainsi que ses ancêtres, était, en effet, d'une grande bravoure. Ses soldats, qui l'aimaient, subissaient, paraît-il, le charme de son grand air et de sa beauté qui les transportaient ; il pouvait leur demander les plus grands sacrifices.

La veille encore des événements qui allaient le conduire à sa perte, guerroyant en Italie, il laissait sur le champ de bataille huit cents morts, faisait deux cents prisonniers, prenait de sa main dix-neuf drapeaux, et il donnait le spectacle d'une telle intrépidité que Louis XIII s'écria : « Voilà le plus brave homme de mon royaume. » Et, voulant lui témoigner sa reconnaissance, le roi lui écrivit : « Je me sens obligé pour cette dernière action autant qu'un roi peut l'être envers un sujet. » En même temps, il le nommait gouverneur du Languedoc, et lui disait en lui remettant le bâton de maréchal devant toute la noblesse assemblée :

Le Duc de Montmorency.

« Vous l'honorez plus que vous n'en serez illustré. »

A vingt et un ans, le duc de Montmorency épousait la princesse de Braciano, qui avait alors quinze ans.

Marie-Félicie des Ursins, fille du prince de Braciano appartenait à l'une des premières familles d'Italie. Elle était la petite-nièce et la filleule de la reine Marie de Médicis qui, voulant l'attirer à la cour et la fixer en France, la promit en mariage au duc Henri.

« Elle était abondamment pourvue, nous disent ses biographes, des dons de la nature, et savait, en outre, briller par son esprit et ses talents agréables. »

Elle apprit bien vite et très facilement le français, et Louis XIII, qui prenait beaucoup de plaisir à sa conversation, disait en parlant d'elle à ses courtisans : « Je vous ferai parler à ma cousine l'Italienne ; vous verrez quelque chose de rare, et une sagesse que vous n'avez remarquée dans aucune dame. »

Tout en étant fort affable et sans prétention, Mme de Montmorency se faisait remarquer par une dignité et une retenue qui imposaient le respect, et lorsqu'elle pénétrait chez la reine, les courtisans qui parlaient entre eux avec beaucoup de liberté ne manquaient pas de dire : « Changeons de propos, voici la duchesse de Montmorency. »

Elle avait, nous dit-on, les mains fort belles, mais elle voulait qu'on ne les touchât que gantées. Le roi, lui-même, éprouvant du dépit de sa résistance et lui ayant dit un jour en riant : « Ma cousine, je vous déganterai quand il me plaira, » elle lui répondit avec assez de fermeté : « Sire, je ne le souffrirais pas. »

Elle était fière de son mari qu'elle aima toujours de la passion la plus tendre ; elle portait au doigt une bague d'or dont le chaton couvert d'un diamant renfermait le portrait du duc qui, présent ou absent, occupait tout son esprit et possédait son cœur, malgré ses défaillances.

Le duc, en effet, quoiqu'il n'ait jamais cessé d'avoir pour sa femme beaucoup d'affection, était porté vers la galanterie, et au moment même de sa mort, ce « brillant mais volage gentilhomme » avait pour amie la princesse de Guéménée, la plus belle femme de la cour, qui vint supplier Richelieu de laisser la vie à celui qu'elle aimait : « Monsieur, lui dit-elle, souvenez-vous des grandes marques d'attachement que M. le duc vous a données il n'y a pas longtemps ; vous ne pouvez les oublier sans ingratitude. — Madame, lui répondit froidement, au nom de la raison d'État, le grand mais terrible cardinal qui était irrité, paraît-il, de la popularité du duc, je n'ai pas rompu le premier. »

L'âme sensible de Mme de Montmorency se consolait des faiblesses de son mari en offrant ses peines à Dieu dans des prières vives et ferventes. « Elle était convaincue, disait-elle, qu'une femme vertueuse, douce et complaisante, acquiert de nouveaux droits sur le cœur de son mari, et qu'elle le ramène toujours, tôt ou tard, à la fidélité. Beaucoup de femmes, ajoutait-elle, sont trop impérieuses et trop absolues, et, si elles savaient s'imposer la loi d'un profond silence, et remplir avec exactitude les devoirs de leur condition, leurs époux touchés de leur vertu se corrigeraient plus vite de leurs écarts. »

Tant de noblesse et tant de bonté ne furent pas sans frapper Marie de Médicis qui s'écria un jour : « J'ai le plaisir d'aimer beaucoup de vertus dans ma nièce des Ursins. »

La duchesse n'en eut pas moins à subir d'indignes calomnies, et entre autres on a souvent dit d'elle, qu'elle avait été la première à pousser son mari à sa révolte contre le roi. Richelieu lui-même, dans ses mémoires, ne craint pas d'affirmer que « le duc fut porté à prendre son parti par les pressantes sollicitations de sa femme. » Mais, il semble bien que vers la fin de sa vie, le cardinal avait modifié son premier sentiment, car nous le voyons, l'année de sa mort (1642), à Moulins, où il était venu avec le roi, adresser un de ses gentilshommes à Mme de Montmorency « pour lui présenter les compliments du cardinal. » Au seul nom de Richelieu la duchesse fut saisie, paraît-il, d'un tremblement dans tout son corps ; des larmes coulèrent de ses yeux ; mais se souvenant qu'elle devait pardonner elle eut le courage de répondre : « Monsieur, vous direz, s'il vous plaît, à votre maître que mes larmes parlent pour moi, et que je suis sa très humble servante. » Devant tant d'humilité, le roi qui, lui aussi, regrettait peut-être d'avoir tant fait souffrir cette femme infortunée, ne put s'empêcher de s'écrier : « Elle sera donc toujours la Sage. »

Lorsque le cardinal mourut, 4 décembre 1642, et qu'on annonça cette nouvelle à Mme de Montmorency, elle était au couvent de la Visitation, à l'heure de la récréation. Elle lut la lettre, la replia, et rentrant dans sa chambre elle eut la générosité de faire des rouleaux de sommes d'argent qu'elle envoya aux différentes églises de Moulins pour faire dire des messes à l'intention du cardinal.

Quelques mois après, 14 mai 1643, Louis XIII suivait son premier ministre dans la tombe, et la duchesse qui, décidément, voulait oublier, lui fit rendre tous les honneurs. Elle récita, plusieurs fois les prières des morts, et, en même temps, elle écrivit à une amie qui, en recevant sa lettre, ne put s'empêcher de s'écrier : « Mme de Montmorency s'est élevée par ses vertus au dessus du monde ; mon Dieu que sa lettre est belle ! »

Il ne faut donc plus parler, désormais, de « la prétendue complicité » de la duchesse, et la vérité semble bien être que le malheureux duc eut la fatale idée d'écouter les conseils du prince d'Orléans, frère du roi. Gaston, on le sait, était en guerre avec Richelieu, et pour le renverser plus facilement, il voulut avoir l'appui « du premier des grands seigneurs du royaume ». Il lui écrivit de Béziers : « J'ai recours à vous comme à mon dernier refuge ; vous pouvez me sauver sans vous perdre, je viens me jeter dans vos bras. »

Et après l'avoir ainsi excité contre Richelieu, ce prince, lâche et misérable, l'abandonna le lendemain de la défaite pour aller faire humblement sa soumission au roi.

Malheureusement pour lui, le duc qui avait donné sa parole n'osa plus reculer. Complètement aveuglé, et résistant aux conseils de sa femme, il s'écria : « J'ai une écharpe bleue et isabelle et je ne la quitterai pas avant d'avoir mis le tyran par terre. »

On connaît le reste : battu à Castelnaudary par l'armée royale, ayant reçu dix-neuf blessures, et perdant tout son sang, Montmorency est emporté du champ de bataille par le maréchal de Schomberg qui le conduit au château de Lectoure en Gascogne. La duchesse, qui a tout appris, fait demander au roi le pardon du duc. Louis XIII, indigné, refuse, et croyant la duchesse complice de son mari lui ordonne de se retirer, sur-le-champ, dans son château de la Grange près de Pézenas. Et sans plus attendre, le roi part pour Toulouse où il donne au Parlement l'ordre d'instruire le procès selon les lois de l'Etat.

C'était la mort. Le duc frémit alors à la pensée de sa faute, et à la veille de mourir, il écrit à sa femme et lui dit : « Mon cher cœur, je vous envoie le dernier adieu avec une affection pareille à celle qui a toujours été entre nous. Je vous conjure pour le repos de mon âme de modérer vos ressentiments. Adieu, encore une fois, mon cher cœur. Montmorency. »

Le comte de Chalus, capitaine des gardes du corps, vint le prendre dans un carrosse, et le conduisit dans la chambre où le Parlement était réuni. Le duc répondit avec noblesse aux questions du garde des sceaux ; et pendant qu'on délibérait sur son sort, il mit « l'habit blanc qu'il avait prié son chirurgien de lui faire tenir, et qu'il voulait porter le jour de son supplice. » Il écouta l'arrêt dans le plus grand calme, et dit aux commissaires qui lui en faisaient la lecture : « Messieurs je vous remercie. Je tiens cette décision de la justice du roi pour un décret de la miséricorde de Dieu. » Puis il se disposa à mourir. Arrivé au pied de l'échafaud, il monta dessus avec assurance, se mit à genoux, et posa la tête sur le billot. A cette époque, dans la province du Languedoc, l'instrument de supplice ressemblait assez à celui de nos jours. « On employait, nous dit Puységur, un doloire qui est entre deux morceaux de bois ; et quand on a la tête placée sur le bloc, le bourreau lâche la corde, et cela descend et sépare la tête. » Quand tout fut fini, chacun s'empressa de recueillir le sang ; les uns le reçurent dans des mouchoirs, d'autres en burent ; les soldats en teignirent leurs épées « comme s'il eût été capable de leur communiquer le courage guerrier de ce grand homme. »

Telle fut la fin du duc de Montmorency, de « ce dernier rejeton, comme dit Michelet, du monde féodal et chevaleresque, » que ses rares qualités avaient rendu cher à la France et qui avaient inspiré à l'Europe, où il était l'allié de nombreuses familles souveraines, une grande sympathie.

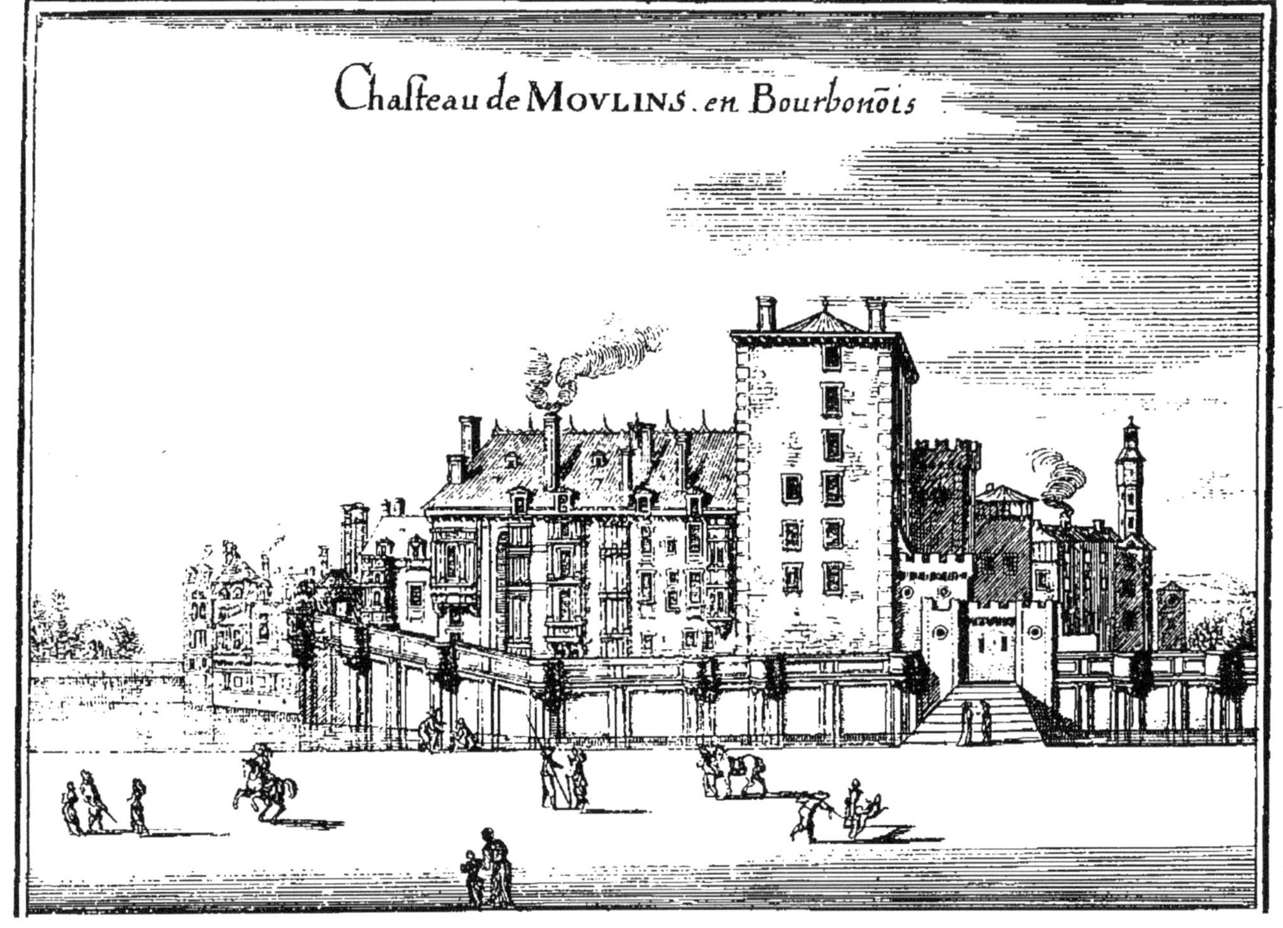
Chasteau de Movlins. en Bourbonois

*
*   *

Mme de Montmorency, que la mort de son mari devait rendre à jamais inconsolable, était enfermée au château de la Grange, lorsqu'un exempt vint lui intimer l'ordre du roi de se retirer à Montargis, La Fère ou Moulins.

Elle choisit Moulins, où elle arriva le 18 novembre 1632. L'exempt qui la surveillait la conduisit au château de la ville, la maison d'arrêt aujourd'hui, dont il fit garnir les fenêtres de barreaux de fer. En fait, elle était prisonnière d'État.

Après plus d'un an de ce régime, on voulut bien reconnaître qu'elle était innocente de la révolte de son mari; le prince de Condé, son beau-frère, le père du grand Condé, fut autorisé à lui restituer son douaire et à lui servir le revenu de sa dot, qui était considérable.

Enfin, le roi lui ayant rendu son entière liberté, elle se décida à entrer au monastère de de la Visitation de Moulins. Et à ses frères, qui insistaient auprès d'elle pour qu'elle allât finir ses jours en Italie, elle répondit « qu'elle ne voulait pas sortir d'une ville où elle était persuadée d'avoir été conduite par la providence. »

En apprenant que Mme de Montmorency entrait au couvent, Mme de Chantal fut transportée de joie. « Ma très chère sœur et bien aimée de Dieu, lui écrivit-elle de Lyon, où elle se trouvait alors, que vous avez rempli mon cœur d'une abondante consolation! Mon âme vous honore et vous chérit avec une dilection incomparable. »

Quand elle entra à la Visitation, Mme de Montmorency avait encore une très importante maison, qui se composait de vingt-quatre pages, cinquante gentilshommes, et de domestiques en proportion. Tous l'aimaient pour son affabilité et furent émus en apprenant qu'elle abandonnait le monde.

Quoique les biens de son mari eussent été confisqués, la fortune qui lui restait était très grande, et pour pouvoir en disposer plus facilement, elle se fit naturaliser Française.

Pendant longtemps, Moulins garda le souvenir de ses largesses, et sa générosité, qui allait

Marie Felice des Vrsins Duchesse de Montmoranci,
qui aprés la mort du Duc son Mary se retira dans
le Monastere de la Visitation de Moulins 3.e de
l'ordre, dont elle est Fondatrice, et ou elle est morte
Superieure le 5.e Juin 1666, agée de 66 ans.

P. Vvan-schuppen fecit.

à tous les pauvres, s'étendit jusqu'aux prisonniers, qui, par leur repentir, savaient s'en montrer dignes.

Sollicitée par les habitants de Moulins d'employer son crédit pour faire exempter leur ville du logement de guerre et lui obtenir au moins « une diminution de subsistances » qui leur étaient extrêmement à charge, Mme de Montmorency écrivit à Gaston d'Orléans, qui était alors lieutenant général et avait, en cette qualité, une autorité immédiate sur les troupes.

« Ma cousine, répondit immédiatement le prince, en souvenir de vous et sur votre recommandation, j'ai fait exempter la ville de Moulins. Je vous prie de croire que je fais une estime si particulière de votre personne et de votre vertu que je ne souhaite rien si passionnément que de vous donner la preuve de mon affection. »

Aussi, était-elle très honorée dans le Bourbonnais ; toutes les affaires étaient soumises à son arbitrage, et les seigneurs du pays n'hésitaient pas à lui confier leurs intérêts.

Un peu plus tard, elle fit construire à ses frais la chapelle de la Visitation, et on peut voir sur l'un des murs du lycée Banville une pierre rectangulaire portant l'inscription suivante : « 14 mai 1650, Mme de Montmorency pose la première pierre de la Visitation, construite par ses libéralités. »

En même temps, elle voulut être la plus humble des novices, et on la vit souvent « ratissant les allées du jardin, allant jusqu'à couper les légumes, et tirer de l'eau qu'elle portait à l'office, et à la boulangerie. »

Frappée de tant de simplicité et de grandeur, Mme de Chantal s'écrie : « Vos richesses, madame, ne nous touchent pas, vos vertus nous suffisent. »

« Elle vit, dit-elle encore dans la lettre qu'elle adresse à ses sœurs la veille de sa mort, et que nous avons déjà citée, elle vit parmi nos sœurs avec plus d'humilité, bassesse, simplicité et innocence que si c'était une simple paysanne. »

Enfin, Mme de Montmorency obtint de la reine la permission de faire venir à Moulins le corps de son mari. Aussitôt elle fait commencer ce magnifique mausolée du duc par des artistes renommés, notamment par Regnaudin, dont les Moulinois connaissent bien le nom, et dont

Le Portail de la Chapelle de Monsieur de
Montmorency, fait à Molins en Bourbonnois
Jean Marot, fecit

on peut admirer les œuvres, tant à Paris, au
Jardin des Tuileries, qu'à Versailles.

La description de ce mausolée a été faite
bien souvent et on nous pardonnera de la re-
donner aujourd'hui. Qu'on se représente un
emplacement de sept à huit mètres d'élévation
sur quatre ou cinq de largeur, à gauche du
grand autel et vis-à-vis de l'ancienne grille du
chœur des religieuses. Le tombeau proprement
dit est un rectangle de marbre noir, surmonté
d'un massif également de marbre noir, bombé
en dessous, et dont la surface opposée est unie
et forme une table de la même grandeur que le
tombeau. Ce massif paraît soutenu par deux
grandes consoles cannelées. Sur la surface unie,
on voit le duc en marbre blanc. Il est habillé en
guerrier, dans le goût de l'antique. A demi cou-
ché et appuyé sur un riche coussin, la main
droite sur son casque, l'autre sur la poignée de
son épée, il tourne la tête de côté et son regard
paraît frappé d'une grande mélancolie. Aux
deux extrémités du tombeau, haut d'environ
quatre pieds, on voit à une certaine distance
deux piédestaux qui portent deux statues sym-
boliques d'une grande beauté: l'une représente

la force et le courage du héros, sous la figure
d'Hercule ; l'autre la Libéralité, allusion à la
générosité du duc. Au dessus de ces statues,
on en voit deux autres d'une même grandeur,
mais dans des niches creusées dans le mur. Ces
deux statues représentent, nous dit-on, la Reli-
gion et la Noblesse. Entre les niches où sont
les statues, se trouve un enfoncement : là, sur
un piédestal qui occupe toute la longueur, est
une urne à l'antique, qui renferme, paraît-il,
les cendres du duc et dont l'extrémité supé-
rieure semble retenue par un cordon ; deux gé-
nies paraissent en attacher les deux bouts aux
deux côtés opposés. Les armoiries du duc, po-
sées sur un manteau ducal que deux anges
déploient, font le couronnement de tout l'ouvrage. Le mur est aussi revêtu de marbre de
différentes couleurs. Enfin, une statue de
marbre blanc, qui représente la Douleur, est
sur la surface unie du massif, à côté de celle
du duc, un peu moins avancée, sur le devant :
c'est la duchesse, que le scuplteur a voulu re-
présenter. Par humilité, Mme de Montmorency
aurait voulu qu'on la supprimât, mais cela
n'était pas possible, car il en fût résulté un vide

Tombeau du Duc de Montmorency.

défectueux qui eût nui à l'ordonnancement général. Au bas du monument, on lit l'inscription suivante : « L'an 1652, et le vingtième de son deuil, Marie-Félicie des Ursins, princesse romaine, éleva ce mausolée à la mémoire de son digne époux, Henri II, duc de Montmorency, le dernier et le plus illustre des ducs de ce nom, pair, amiral et maréchal de France, la terreur de ses ennemis, les délices des Français, mari incomparable, dont elle n'eut jamais à déplorer que la mort. Après dix-huit ans de mariage le plus heureux, après avoir joui de richesses immenses, et possédé sans partage le cœur de son époux, il ne lui reste aujourd'hui que sa cendre. »

On sait comment, en 1793, fut sauvé ce superbe monument. Il allait être détruit par les révolutionnaires qui étaient déjà dans l'église, quand une voix sortie de la foule s'écria : « Quoi! vous allez renverser le tombeau d'un bon républicain, puisqu'il est mort victime du despotisme! » Les marteaux s'arrêtèrent, et les cendres du dernier représentant de la féodalité sur les champs de bataille furent respectées grâce à ce certificat de civisme.

* *

Les malheurs et les vertus de Mme de Montmorency ont eu du retentissement dans le
monde, en France comme en Europe, et d'illustres personnages ont voulu faire le voyage
de Moulins pour lui exprimer leur admiration.

Henriette d'Angleterre, celle que l'histoire a
appelée « Madame, » et qui « devait passer, a dit
Bossuet, du matin au soir, ainsi que l'herbe des
champs, » vint en 1655 embrasser la duchesse.
Elle l'aborda en lui disant qu'elle était auprès
d'elle pour chercher des consolations. Et, se
tournant vers les religieuses de la Visitation,
elle s'écria : « Mes sœurs, vous possédez un
grand trésor, conservez-le bien ; c'est une vraie
sainte qui a su tirer des malheurs du siècle le
profit de la plus haute vertu. »

En 1657, Christine de Suède, fille de Gus-
tave-Adolphe, qui avait abdiqué la couronne,
vint aussi à Moulins pour voir la duchesse.

« Madame, lui dit-elle en la quittant, je vous ai juré mon amitié, assurez-moi la vôtre. »

Louis XIV, lui-même, accompagné de la reine-mère, de son frère et de toute la famille royale, vint saluer Mme de Montmorency. Il entendit la messe dans le chœur de la Visitation, et voulut être conduit dans la chambre de la sœur de Montmorency. « Voilà un grand exemple du mépris du monde, s'écria-t-il ; nous trouvons tous ici de quoi nous instruire ; » et, se tournant vers la duchesse, il ajouta : « Il n'est pas nécessaire, madame, que je vous recommande de prier pour le roi ; vous lui êtes assez proche parente pour vous intéresser à ce qui le touche. »

De si grandes infortunes avaient dû, on le comprend, altérer la santé de Mme de Montmorency, et en 1666, elle eut le pressentiment de sa mort ; le 5 juin, au moment de mourir, les religieuses, sur sa demande, lui apportèrent le cœur de Mme de Chantal, qu'elle prit et pressa sur sa poitrine. Son corps, nous l'avons dit, repose à côté de celui du duc ; son cœur fut mis dans un vase d'argent, à côté de celui de Mme de Chantal, mais on ne sait pas ce qu'il est devenu.

Après tant de bienfaits de Mme de Montmorency, on s'explique, nous le répétons, « que les autorités de la ville de Moulins aient tenu à honneur de célébrer sa mémoire dans l'église de la Visitation. »

Et on ne s'étonne pas, nous le disons à nouveau, que dans son panégyrique de Mme de Chantal, Bernard de Tracy ait associé à son nom celui de la duchesse, quand il s'écriait dans la chaire de Moulins que « Mme de Montmorency avait suivi noblement l'exemple de la plus sainte veuve du siècle. »

*
* *

Bernard de Tracy, nous l'avons dit, ne voulut être qu'un simple théatin. Dans un de ses nombreux ouvrages intitulé : *Vie de saint Gaétan de Thienne,* fondateur des théatins, et qu'il a consacré à son ordre, il nous explique que Gaétan de Thienne, passionné par la réforme de l'état ecclésiastique, se proposa, en 1524, de former une société de clercs réguliers. Le peuple les appela « théatins » à cause de Pierre Caraffe, évêque de Théate (aujourd'hui Chieti, chef-lieu de la province de l'Abruzze, Italie), qui renonça à son évêché pour s'associer à saint Gaétan ; mais leur titre distinctif, nous dit de Tracy, est celui de clercs réguliers, sans addition.

En 1785, on voit Bernard de Tracy publier un livre bien intéressant sous le nom de : *Vie de saint Bruno*, fondateur des Chartreux, où il donne de nombreux détails sur les maisons des Chartreux en France.

Ce fut vers le xi{sup} siècle, nous dit Bernard de Tracy, que saint Bruno, alors chanoine de la cathédrale de Reims, fonda l'établissement qui s'est appelé depuis la Grande-Chartreuse.

Un jour, paraît-il, saint Bruno, se trouvait avec deux de ses amis, et s'entretenant des vanités de ce monde, fit vœu d'abandonner le siècle, et de revêtir l'habit monastique. Dès lors, il quitta Reims, et ne songeant plus qu'à finir ses jours dans la solitude, il vint en Dauphiné. L'évêque de Grenoble l'accueillit avec bonté, et le conduisit ainsi que ses deux compagnons dans un territoire situé au milieu de rochers escarpés, et de montagnes presque toujours couvertes de neiges, à quatre lieues de Grenoble. Il y avait dans la vallée un village appelé Chartrouse ou Chartreuse, d'où l'ordre a pris son nom.

A Moulins aussi il y eut une Grande-Chartreuse « fondée, paraît-il, en 1625 par Henri de Bourbon, prince de Condé. Elle avait, nous dit Bernard de Tracy, un bel aspect; elle était surtout fort agréablement située sur la grande route de Paris, vis-à-vis le cours de Bercy qui est une promenade fort agréable sur les bords de l'Allier. Cette solitude, ajoute-t-il, où j'ai été plusieurs fois, plaît dès qu'on y entre. »

*
*　*

Nous pourrions aller beaucoup plus loin dans nos recherches sur l'œuvre de Bernard de Tracy; mais nous les bornerons là aujourd'hui, et en terminant, nous nous permettons de témoigner à sa mémoire toute notre gratitude pour les heures fort agréables que nous a ménagées la lecture de ses ouvrages.

Dans son livre récent sur la marquise de Brinvilliers et Mme de Montespan, M. Funck-Brentano nous parle de ce xviie siècle, dont Bernard de Tracy fut presque le contemporain. « Il *a atteint,* nous dit-il, *les limites extrêmes dans le bien comme dans le mal.* Alors qu'une marquise de Brinvilliers et d'autres misérables reculaient les bornes du crime, les Français produisaient leurs plus grands capitaines, leurs plus grands hommes d'État, leurs plus illustres magistrats; alors aussi, ils virent briller les plus grands noms de la littérature, de l'art, de la philosophie, de l'érudition pendant que *les filles de charité faisaient éclater leur dévouement, et que Mme de Chantal répandait autour d'elle le parfum de ses vertus.* »

Ce jugement de M. Brentano pourra, peutêtre, paraître un peu sévère; mais on est bien tenté de partager son sentiment.

Paris, mars 1900.

Achevé d'imprimer

le cinq mai mil neuf cent

PAR

ALPHONSE LEMERRE

6, RUE DES BERGERS, 6

A PARIS

7 mai 91